AF176555

SCHULE
DER TÄGLICHE ORT
DES WAHNSINNS

Von Antigonis V.

BoD™
BOOKS on DEMAND

Urheberrecht

Die durch die Seitenbetreiber erstellten Inhalte und Werke auf diesen Seiten unterliegen dem deutschen Urheberrecht. Die Vervielfältigung, Bearbeitung, Verbreitung und jede Art der Verwertung außerhalb der Grenzen des Urheberrechtes bedürfen der schriftlichen Zustimmung des Autors bzw. Erstellers. Downloads und Kopien dieser Seite sind nur für den privaten, nicht kommerziellen Gebrauch gestattet.

Salvatorische Klausel

Sollte aus irgendwelchen Gründen eine der vorstehenden Bedingungen ungültig sein, so wird die Wirksamkeit der anderen Bestimmungen davon nicht berührt.

©2018 Michael Vay
Illustration: Michael Vay
Herstellung und Verlag:
BoD – Books on Demand, Noderstedt
Printed in Germany

ISBN: 9783752847178

Über den Autor

Ich, Antigonis V., habe im Jahre des Herren 2001 in Bad Kissingen das Licht der Welt erblickt und zwar in Form einer 60 W Glühbirne. Nach meiner schreienden lebensmittelvernichtenden Häufchenzeit wurde ich zu den kleinen Strolchen nach Winkels gebracht.
Dort wurden mir die ersten Flauseln zum Leidwesen meiner Eltern implantiert.

Nach vielen glücklichen Kindheitstagen, wurde mir eine Schultüte in die Hand gedrückt und ich durfte mich Grundschüler der Sinnberg Schule Bad Kissingen nennen.

Vergebens wollte man mir meine Flauseln austreiben, aber ich war besser.
Nachdem die mich dort nicht mehr wollten besuchte ich die Staatliche Realschule in Bad Kissingen, wo auch in der neunten Klasse, dieses Buch anfing seine Wurzeln zu entwickeln.
Mittlerweile lebe ich in Berlin.
Diese Stadt habe ich schon mit der Muttermilch aufgesogen da meine Eltern aus Berlin kommen und ich in dieser Stadt meinen Urlaub verbracht habe.

Antigonis V.

SCHULE, DER TÄGLICHE ORT DES WAHNSINNS

Mit Zeichnungen des Autors

Danksagung

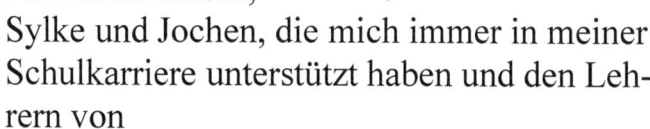

Für meine Eltern,
Sylke und Jochen, die mich immer in meiner
Schulkarriere unterstützt haben und den Lehrern von
der Staatlichen Realschule Bad Kissingen.
Ohne diese Personen hätte dieses Buch
überhaupt nicht entstehen können. Ich hoffe,
sie werden sich teilweise wiedererkennen, aber
nehmen sie sich diese Geschichten nicht zu
sehr zu Herzen, denn in Wirklichkeit sind sie
alle super toll und nett.
Weiterer Dank gebührt meinem Cousin Joshua
Bönigk und meinem Onkel Thorsten Bönigk
für unzählige sinnlose Stunden der Buchbesprechung.

DANKE

1.Auflage 2018 Copyright - Michael Vay - Bad Kissingen

Freibadgedanken

Ich sitze mal wieder da. Draußen strahlender Sonnenschein und Herr Tubitz versucht die Klasse zu motivieren.

Was natürlich nicht gelingt, da wir alle schwitzen und nur noch einen Gedanken haben, nämlich

Aber das Super Brain hat davon natürlich keinen blassen Schimmer und fängt jetzt sogar das Schimpfen an: „Wir wären super faul und würden alle durchfallen, wenn wir so weitermachen."
Die Meisten hörten schon gar nicht mehr zu und wendeten ihre Aufmerksamkeit lieber ihrer Freizeitplanung zu.

9

Auch ich lasse meinen Blick in die Ferne schweifen und schwimme in Gedanken schon durch das 25 m Becken, als mich die schneidende Stimme von Herrn Tubitz aus meinen Gedanken reißt.

**Extrahausaufgabe
Seite 45- 50**

Na toll, Freizeitträume geplatzt.
Dann gongt es Ding, Dang, Dong. Normalerweise freut sich jeder über die Pause, aber heute wird nur über die Extra Hausaufgabe gemault.

Ich folge meinen sich lautstark beschwerenden Mitschülern Richtung Pausenhof und biege dann aber in die Bücherei ab.
Ich setze mich in eine ruhige Ecke und versuche mit den Hausaufgaben anzufangen, aber

ich komme nicht weit, denn die Beauty Group[1] macht schon wieder Krawall.

Da ich Bücherei-Tutor bin, muss ich meine Pflichten erfüllen und für Ruhe und Ordnung sorgen.
Schon beim Hinlaufen sehe ich was faul ist.
Die vier von der Beauty Group sitzen mal wieder zusammen und stecken ihre Köpfe über einem Gerät zusammen, welches ich sofort als

 Handy enttarnte. Ich gehe zu den Mädels und fordere sie lieb auf, bitte das

Handy auszuschalten und wegzustecken. Da sie gegen Regeln verstoßen haben, ist es meine Pflicht sie der Bücherei zu verweisen, was ich auch getan habe.

---

[1] *Eine Gruppe von Mädchen, die nichts anderes im Sinn hat, als Mode, Chaos und Lärm*

Natürlich wäre es jetzt besser meiner Aufforderung Folge zu leisten, aber diese Mädels haben wohl das was man gesunden Menschenverstand nennt, wohl nicht.

Auf jeden Fall bleiben sie sitzen. Der Kollege, der den Krawall auch wahrgenommen hat, steht mittlerweile hinter mir und fordert sie ein zweites Mal auf, die Bücherei zu verlassen.

Naja, das Ganze bauscht sich zu einer riesigen Diskussion auf, deren Synthese für die Mädels mit einem Verweis endet.

Als erlösend nehmen wir den Schulgong zum Pausenende wahr. Nach zwei weiteren Stunden, ist die Schule dann endlich aus.
Mich quälen die Müdigkeit und die Gedanken an die vielen Hausaufgaben die noch zu erledigen sind.

Heiß ist es sowieso schon und ich fühle mich einer Ohnmacht nahe.
Ich kann mich kaum noch auf den Beinen halten, aber zum Glück war es 12:55 Uhr, das heißt Rettung denn es gibt Kaffee am Kaffeeautomaten.

Ich gehe nicht über Los, sondern schleppe mich umgehend zum Drogomat, wie ich ihn liebevoll nenne.

Ich schmeiße mit letzter Kraft die 50ct in den dafür vorgesehenen Schlitz.
Ich drücke auf die Taste Chocochino, als das Zahnarztbohrergeräusch zu hören ist, das anzeigt, das meine Bestellung bearbeitet wird, dann breche ich vor Anstrengung zusammen.

Von dem Piepen, das signalisiert, dass meine Bestellung erfolgreich bearbeitet wurde, bin ich dann aus meiner Ohnmacht geholt worden.

Ich ziehe den heißen Becher aus der Halterung und nehme voller Gier den ersten Schluck.
„Aua" schießt es mir durch den Kopf als ich dies tue, dabei ist mir der Becher fast aus der Hand gefallen.
Dann mache ich mich auf den Heimweg und spüre, wie mit jedem Schluck Chocochino mehr Leben in meinen Körper fließt…

In meinem Kaffee ist Traubenzucker mit Erdbeergeschmack

Als ich den letzten Schluck von meinem Chocochino trinke, habe ich den unerwarteten Geschmack von Erdbeertraubenzucker im Mund.

Den restlichen Tag verbringe ich mit Übelkeit, wegen des Kaffees auf der einen Seite und mit den immer noch zu erledigenden Extrahausaufgaben auf der anderen Seite.
Als wäre ein solcher Horrortag nicht genug, fängt der nächste Tag auch nicht besser an.

Der Morgen ist super, die erste Stunde, in der wir sowieso Mathe haben versaut Alles. Die Ankündigung, dass wir eine Ex schreiben macht es auch nicht besser.

Frau Dörlein war in der Vorstunde krank und wir haben deshalb nicht gelernt.

„Bitte auseinanderrücken" kräht sie uns mit ihrer monotonen Stimme an.
Ich rücke demotiviert mit meinem Arbeitsplatz, Tisch und Stuhl, bis an die Tafel.
Ich hole meinen Stift heraus. Das ganze Mäppchen hat nach Frau Dörlein, auch Drache genannt: „zu viel Sucht zum Spicken Potenzial."

Dann hört man das Klackern ihrer hohen Absätze auf dem Linoleum und das Aufklatschen der Blätter auf die Schultische.

Schon beim Anschauen wird die Laune noch schlechter denn dieser Drache hat die Ex doppelseitig gemacht und voll gepackt mit Wurzeln und Gleichungen.

Also war der Tag schon so gut wie gelaufen.
Mit einem schlechten Gewissen kritzele ich die Lösungen auf mein Blatt.
Nach 20 min. sehe ich den Wald vor lauter Zahlen nicht mehr, ich bin richtig verwirrt, aber ich scheiße darauf! Ich gebe mein Blatt ab.

Besser gesagt Ich knalle es dem Drachen aufs Pult. „Nana, schlechte Laune oder was?" säuselte sie in ihrer super monotonen Stimme.

Am liebsten hätte ich ihr ins Gesicht geschrien, das dies bei ihrer Art ja kein Wunder wäre. Ich schlucke es dann aber doch herunter und antworte einfach mit einem schlichten **Ja.**
Ich achte aber darauf den gleichen monotonen Stil vom Drachen zu übernehmen.

Domme

Wir haben einen Neuen in die Klasse bekommen.
Sein Name ist Domme, früher war er auf dem Gymnasium, dann hat er auf die Realschule gewechselt.
Er schrieb die Ex mit ohne den Stoff gelernt zu haben, aber dass juckt den Drachen nicht. So wird auch seine Ex bewertet.
Es ist Freitag und wir bekommen die Ex zurück, natürlich in der sechsten Stunde.
Die Klasse war bisher gut gelaunt aber der Drache musste unbedingt den berühmten Satz ausspeien:

Hefte auf, die Ex gibt's raus!

Weiterhin sagt sie: „Als ich dieses Ding korrigiert habe, bekam ich einen halben Herzinfarkt. Dieses Ding musste sogar zum Rektor."

So beschwert sich ein nicht begeisterter Drache. Wieder einmal will ich ihr ins Gesicht sagen das das bei ihrer Art ja kein Wunder wäre. Ich wurde aber von dem Gemecker was uns den einfiele so etwas überhaupt erst abzugeben aufgehalten. Spätestens ab diesem Zeitpunkt sind wir uns Alle unserer 6 gewiss.

Offensichtlich hat es jemand wirklich zu einer eins geschafft und ob ihr es glauben wollt oder nicht es war Domme!
Bestimmt dachten sich jetzt viele meiner Kollegen, die eine vier geschafft haben:

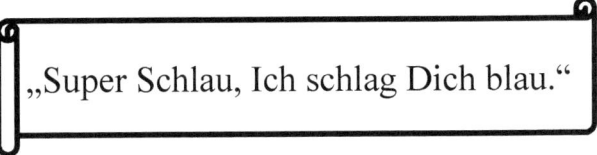

„Super Schlau, Ich schlag Dich blau."

Irgendwann wird ein Wunder geschehen.
Heute war es soweit, ich habe eine vier.

Domme tut mir echt leid, denn er steht da von
einer Menschentraube umringt und alle rufen
„Du Gymnaspast" oder „Das wird ein Nach-
spiel haben, dass du uns nicht abschreiben ge-
lassen hast".

Domme ist schon total fertig mit den Nerven.
Er hat doch nur eine 1 geschrieben was ist denn
so schlimm daran? Schnell packt er seine Ex
weg und als es läutete, will er aus dem Klassenzimmer stürmen.

Er wird aber vom Drache zurückgehalten. Er
konnte einem echt leidtun.

In der zweiten Stunde haben wir Geschichte,
was bedeutete, dass wir uns erst einmal zurück-
lehnen konnten, denn bei Herrn Möller (genannt *Dussel*) ist der Unterricht total chillig
und witzig.

Warum? Unser Computer hat etwas gegen ihn. So auch heute, schon als wir ins Klassenzimmer rein gekommen sind hört man schon den Dussel fluchen: „So en scheiß ding, I schmes des os dem Fenstor." „Nana, nicht so aggressiv der Computer hat doch auch Gefühle." Schmart[2] unsere Klassenzicke Jasmin.

„Dad sehe I aber net sö. Auf jeden Fall hot der Kasten kene für mie." Schnauzt[3] der Dussel und fordert uns auf uns hinzusetzen.

Jetzt ist es besser ihm zu folgen, bevor er uns auch noch aus dem Fenster schmeißen will. Als der Computer dann endlich funktioniert, gibt der Dussel ein paar Befehle ein und drückt anschließend dermaßen schwungvoll auf die Entertaste, sodass die Tastatur einen Satz nach oben macht.

[2] Dumm daherreden
[3] schimpfen

Es öffnet sich eine Seite bei YouTube und der Dussel klickt auf einen Film mit dem Titel:

„ Wer finanzierte die russische Revolution ?"

Der Film ist eigentlich ganz gut, aber ziemlich verwirrend, denn ständig kamen neue Personen dazu, die alle irgendwie miteinander in Verbindung standen.

Man konnte sich unmöglich alle Verbindungen merken. Auf alle Fälle sind wir alle froh, als uns der Gong endlich erlöst.

Zum Glück

Die moderne Hölle besteht nicht aus Feuer…

…sondern aus kleinen aufgedrehten Wesen die man Fünftklässler nennt.
Besonders Einer bringt mich total auf die Palme. Ich nenne ihn Simpel.

Er ist zwar nicht geistig behindert, wie der Simpel aus dem Buch mit dem Gleichnamigen Titel, aber mindestens genauso aufgedreht. Immer wenn er mich sieht, springt er an mir hoch und benimmt sich schlimmer als ein Hund.

Ich wehre ihn dann zwar immer ab, aber die Tatsche das er sich als Fünftklässler der Realschule immer noch so kindlich benimmt macht mich total fertig.

Ok, vielleicht liegt das auch an meinem Erzieherinstinkt.
Dann sind da noch seine Mitschüler, die es lieben sich zu duellieren, aber nicht, dass man

meinen könnte, dass es hier um Boxen oder Catchen geht, wie man es aus seinen eigenen Kindertagen kennt,

Nein,

sie bringen sich fast gegenseitig um.

Ich habe einmal versucht dieses brutale Spiel zu beenden, es dann aber aufgegeben als sie angefangen haben mit Stühlen um sich zu schmeißen.

Nichtmals Lehrer trauen sich in ihre Nähe, wenn sie gerade dabei sind, sich zu „töten".

Das Einzige was dagegen hilft, ist sie pausenlos mit Unterricht zu bombardieren und zu hoffen, dass sie irgendwann Erwachsen werden.

In der Freizeit

Um mich anschließend abzureagieren gehe ich dann meistens ins Fitnessstudio in der Nachbarschaft.

Ich bin oft schon eine halbe Stunde früher da um noch einen guten kalten Tee zu trinken. Ihr denkt euch jetzt vielleicht, das ist doch voll öde, die ganze Zeit herumzusitzen und zu warten.

Nein, ist es nicht, dieses Fitnessstudio ist ein richtiger griechischer Tempel und es gibt eine Menge zu sehen.
Das klingt jetzt vielleicht absurd aber in diesem Gebäude stehen so viele Statuen, hängen so viele riesige Diamantkronleuchter, es gibt viele versteckte Winkel, die diesen Ort so einzigartig machen.
Ich laufe dann noch herum, erforsche die Räume oder schreibe an meinem Buch und wenn Ramona da ist, die Geschäftsführerin und gute Seele des Fitnessstudios, unterhalte ich mich einfach mit ihr.

Die 30 min gehen dann immer so schnell herum, dass man gar keine Zeit mehr hat zu verschnaufen.

„Ah, Michi" (ups, jetzt habe ich meinen richtigen Namen verraten) „du bist ja schon da..."

…begrüßt mich dann die nächste gute Fee des Hauses, sie heißt Annalena, sie ist die netteste und beste Trainerin der Welt.

Wir gehen zusammen nach hinten in den Fitnessraum und unterhalten uns über alles Mögliche während des Trainings. So viel wie wir uns zu erzählen haben, ist es ein Wunder, das wir dabei noch Übungen schaffen.
Wir sind ein eingespieltes Team und schaffen alles was wir uns in den Kopf setzen.

Schwieriges Bäume ausreißen

Mittwoch erste Stunde und das bedeutet Mathe beim Drachen.

„Guten Morgen, setzen „donnert sie uns entgegen, als wir gerade zur Tür reinkommen.

Die gute Laune, sowie die Kraftreserven, die wir uns aufgebaut hatten, um diesen Tag irgendwie zu überleben waren futsch.

„Heute machen wir Wurzelziehen **ohne** Taschenrechncr. " speite der Drachen.

Jede zu lösende Aufgabe hat Brüche und Wurzeln und sieht dadurch ziemlich fies aus.

Wir brauchen für jede Aufgabe bestimmt fünf Minuten ok, es war die erste Stunde also was soll es?

Aber nach der dritten Aufgabe platzt dem Drachen die Hutschnur und er schreit uns an.

„Ihr seid doch alle unterbelichtet, geht doch lieber auf die Baumschule!" Ich dachte mir nur so:

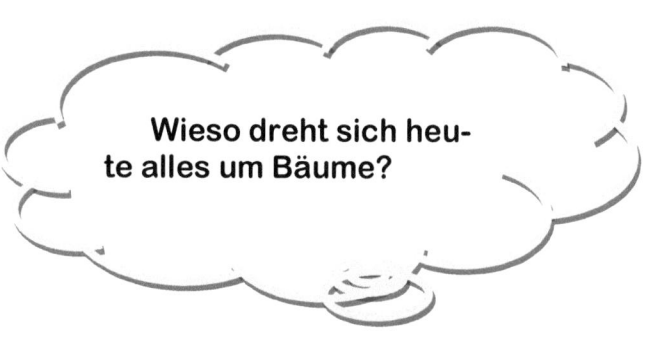

Wieso dreht sich heute alles um Bäume?

„Das ist fachübergreifender Unterricht" dröhnte es von vorne „aber, wenn ich mit euch jetzt in den Wald gehen würde, würdet ihr ja überhaupt nicht mehr aufpassen." „Mist"
dachte ich mir, jetzt hatte ich laut gedacht und jeder hatte es gehört.

Dam, Damm, damm!

Zu viel Schnaps äh... (Kirschwasser)

Mittwoch 2te Stunde Hauswirtschaft, gähn, das auch noch nach Mathe, ich weiß nicht, wer sich so einen Stundenplan ausdenkt.
Nun wollen wir einen Kirschbecher nachbauen.

Die Vorgabe im Rezept lautet:

1EL. Kirschwasser. „Das ist doch langweilig" meint Peter unser Partylöwe. Er nimmt die Flasche und gießt das Kirschwasser in den Becher. Schwupp hatten wir keinen Kirschbecher mehr, sondern einen Schnappspott.

„Alles ok bei euch?" fragte oder besser gesagt, lispelte Frau Knörer die grundsätzlich schlecht gelaunt ist.

Spätestens jetzt ist Peter und uns allen bewusst, dass wir einen saumäßigen Anschiss bekommen würden.

Aber nein! Frau Knörer lacht und sagt eiskalt

Ein bisschen zu viel Alk. Was solls morgen ist Fasching.

Nach diesem Erlebnis sind wir erstmals total geflasht und platt. Besoffen sind wir ohnehin, also ist Fasching perfekt. Der weitere Schultag auch, die Physikstunde im Anschluss ist im Eimer.
Total benommen stehen wir unten im Keller und sind froh das Herr Dr. Sims, unser Physiklehrer und Konrektor, mal wieder, wie so oft nicht, pünktlich kommt.

Nach 20 min. ist er immer noch nicht da und wir verziehen uns aufs Sofa. Wir fangen an Boss und Arsch zu spielen, dass Lieblingskartenspiel meiner Klasse.
Ich will gerade mein Ass aus dem Ärmel ziehen, da sehe ich sie, in ihrer vollen Größe, mit ihren blauen Augen und den langen braunen Haaren in Zeitlupe auf mich zu kommen.

Heute schaffe ich es! Heute spreche ich sie an!
Nicht so wie früher, wo ich nicht einmal ein
„Hallo" herausbekommen habe.
Ich strecke die Schultern nach hinten und versuche möglichst cool auszusehen. „Hi, ich be-
be-obachte dich oft" fange ich an zu stottern.
„Ich stehe voll auf dich" „Ach echt" meint sie
mit hochnäsigem Unterton. „Ja voll" meine ich,
aber das scheint sie nicht zu interessieren.
Auf alle Fälle dreht sich um und lässt mich einfach stehen. Ich bin so geplättet, dass ich da
stehe wie ein Trottel.

Hinter mir fangen meine Klassenkollegen an zu
lachen. Als ich kapiert habe, was eigentlich gerade passiert ist, hätte ich mich selbst Ohrfei-
gen können, aber Herr Dr. Sims verhindert
dies.

Ich und die Projektprä-
sentation
des tödlichen Orgasmus

Ich laufe in die Schule es ist 7:20 Uhr. Viel zu
früh, aber zuhause habe ich es vor Aufregung
nicht mehr ausgehalten.
Heute ist der große Tag der Neuntklässler, die
Präsentationen der Projektarbeit.
Jeder hat sich lange darauf vorbereitet, denn es
geht immerhin um eine Zeugnisnote.

Auf der Straße herrscht gespenstische Leere
nur Rumpelstilzchen[4] schleicht mit ihrem
Hund die Straße hinunter.
Sie grüßt mich und ihre Stimme klingt wie ein
Kratzschwamm.

Ich grüße zurück, aber im innersten wünschte
ich mir, dass ich diese Stimme nie gehört hätte.

---

[4] *eine alte, kleine Dame mit rotem Mantel, grauen kurzen Haaren*
und einem Hund der stinkt wie eine Kanalisation.

Total traumatisiert von der Stimme torkele ich in die Schule, in der noch nichts los ist.
Um mich zu erholen trinke ich erst einmal einen Kaffee, was mich wenigstens wieder in die Realität zurückholt.

Um 7: 30 Uhr füllt sich die Schule dann langsam.
Ich laufe schnell in den Chemiesaal um nicht von den anrollenden Schülermassen zerdrückt zu werden.
Dann war der große Moment der Projektpräsentation gekommenen. Wir stehen hinter der Bühne und zittern wie Espenlaub, um die Nervosität aus dem Leib zu vertreiben.

Die letzten Minuten vor unserem Auftritt sind schier unendlich. „Mist, meine Stimme ist total im Eimer" klagt Julia, eine meiner Mitschülerin. Peter, der Partylöwe, steht in der Ecke, macht Power Walking und sagt sich dabei immer wieder huhuhu, wir schaffen das.

Alle scheinen etwas Sinnvolles gegen die Aufregung zu tun. Außer mir!
Ich sitze auf dem Boden und stopfe Nussriegel in mich hinein.

Dann öffnet sich die Tür und es gibt kein Zurück mehr. Alles läuft echt super bis ich folgenden Satz sage:

„Dieser Stoff hat die Eigenschaft sofortige oder spätere Schädigungen des Orgasmus hervorzurufen. Diese können im schlimmsten Fall sogar zum Tod führen.“

Meine Klasse beginnt zu lachen. Ich stehe da, wie ein Vollidiot und überlege, was ich falsch gemacht habe: „Äh, ich meinte natürlich

Organismus!“.

Ich verbessere mich schnell und laufe knallrot an.
Anschließend dürfen wir wieder heimgehen.
Das machen wir natürlich nicht, wir gehen feiern.

33

Musik

Am nächsten Schultag haben wir in der ersten Stunde Musikunterricht.

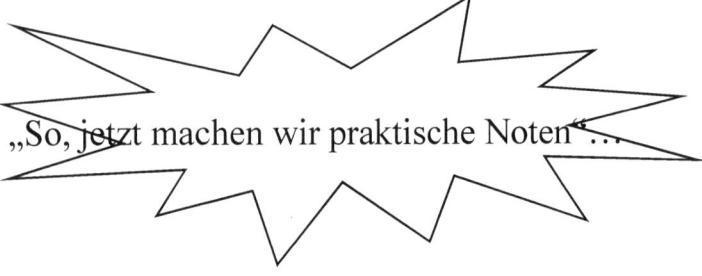

„So, jetzt machen wir praktische Noten"…

…begrüßt uns der Krutzig, unser Musiklehrer.

Wir setzen uns hin und der Musikpauker beauftragt Mary Jane damit die
erste Person aufzurufen, die nach vorne kommen soll und Praktische Noten machen darf.

Fünf spannende Minuten später bin ich total überrascht davon, dass ich, natürlich total verdachtsunabhängig ausgewählt wurde, Schlagzeug zu spielen.
Drei, zwei, eins and Rock 'n Roll tönt es aus den Boxen. Wie in Trance fange ich an zu spielen und es scheint gar nicht so schlecht zu sein,

der Pauker wirft mir sogar manchmal lobende und begeisterte Blicke zu.

Als ich fertig bin, bricht meine Klasse in tosenden Applaus aus und ich habe es auf eine Drei geschafft.
Na also, so kann es weitergehen. Der Morgen hat schon super angefangen.

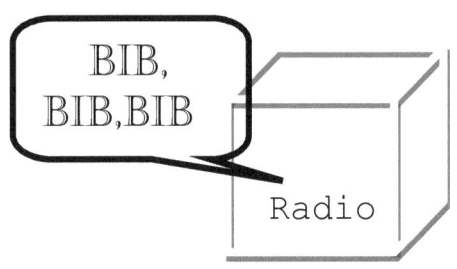

BIB, BIB, BIB

Radio

An einem anderen Tag

Och nö, Radio, sei doch einfach leise, denke ich mir, wie jeden Morgen, als ich unsanft aus dem Land der Träume gerissen werde.

„Guten Morgen lieber Radio Hörer, hier ist wieder ihr Heinz- Udo, wir haben 6:00 Uhr, jetzt spielen wir **Dont worry be happy.**"

Oh, denk ich mir, der Tag fängt ja super an, schon nach 5min stehe ich hellwach im Bett und singe mit.

Danach ist an Schlaf nicht mehr zu denken, also springe ich aus dem Bett und ziehe mir meine übliche rot-schwarze Rocker Kluft an.

Anschließend gehe ich in die Küche, wo mir schon meine Müslischale entgegen winkt. Das Radio meldet sich wieder und informiert mich das jetzt ein Gespräch mit Stirling Moss kommt, einer Rennlegende.

Nice, der Bericht war echt informativ und inspirierend. Top motiviert laufe ich in die Schule.

ICH

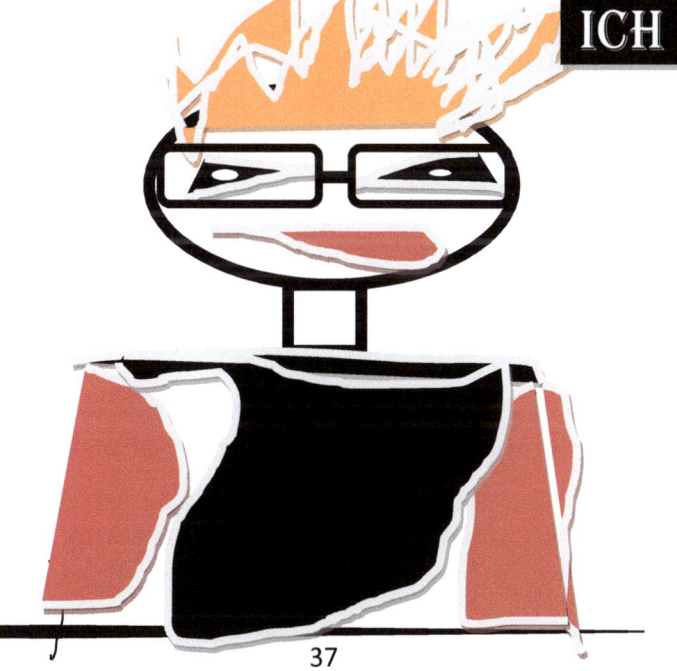

Schule, Schule jeden Tag von vorn

Leider gibt es auch andere Tage, zum Beispiel solche:
Dienstag erste Stunde, allein das ist eine Qual, wenn man dann auch noch Vertretung hat, ist der Tag schon so gut wie gelaufen.

Wir haben einen gewissen Herrn Jucks, er nuschelt, trägt nur Markenklamotten und hat eine Halbglatze. Er redet sehr schnell, ist schroff und rau wie Schmirgelpapier.
Seine Vorlieben sind: Mit Kreide quietschen und hektisch im Raum herumlaufen.
Also nicht gerade sympathisch der Typ, aber welcher Lehrer ist schon sympathisch.
Und die Schrift von dem Kerl, die Buchstaben sind Hieroglyphen, den einzigen Buchstaben den man erkennen kann ist das Q.

Dazu kommt noch die englische Schulaufgabe.

Als wäre das nicht schon schlimm genug, warten die Fünftklässler schon auf dem Pausenhof.

Am Anfang unterhalten sie sich ganz ruhig, aber als sie mich sehen, drehen sie voll durch und springen herum, wie undressierte Affen.

Das Schlimmste ist, dass sie direkt auf mich zukommen. Ich versuche sie abzuschütteln, aber plötzlich höre ich von hinten eine bekannte Stimme: „Ah guck mal, da ist doch Mister Stotter, alias Antigonis und er wird nicht einmal mit ein paar Fünftklässlern fertig, wie ultrapeinlich." „Ist der nicht in dich verknallt?" sagt Emma[5]. „Ja voll!" antwortet Sandy[6]. „Oh Mann wie peinlich." erwidert Emma und Beide lachen…

Jetzt weiß ich, dass der Tag gelaufen ist und dieses Schicksal ziehe ich den ganzen Tag hinter mir her.
Es ist halt so ein klassischer, „die Welt streckt Dir den Mittelfinger raus", Tag.
Zu allem Überfluss ist dann noch der Kaffeeautomat leer.
Nach der Schule schleppe ich mich nach Hause und esse ein paar Nudeln, die noch vom Vortag übriggeblieben sind.

---

[5] Schulkollegin und beste Freundin von Sandy.
[6] Schulkollegin und beste Freundin von Emma.

Anschließend beginne ich mit dem Lernen für die Matheschulaufgabe.
Gerade als ich kurz vor dem Durchbruch stehe klingelt das Telefon.

Ich muss abheben, da meine Eltern nicht da sind. „Hallo, hier Antigonis." melde ich mich.

„Hey, hast du Bock mit auf Schulkonzert zu gehen? Ich habe 2 Karten. Ich hol dich um 15 Uhr ab." sagt mein bester Freund Max. „Ne, du muss Mathe lernen." erwidere ich. „Ok dann bis 15 Uhr." sagt Max.

Also entweder konnte oder wollte er mir nicht zuhören.

Na toll, 15:00 Uhr ist schon in einer halben Stunde und ich bin noch nicht mal angezogen, geschweige denn, dass ich gelernt habe.

Totale Verzweiflung

Auf der einen Seite will ich Max nicht enttäuschen und auf der anderen Seite muss ich Mathe lernen.

Doch dann kommt mir ein genialer Zufall zu Hilfe.
Gerade als ich in totaler Verzweiflung durch mein Matheheft blättere, entdecke ich eine ausgefüllte Seite mit Aufgaben für die Schulaufgabe, die noch nicht verbessert ist.

Schnell laufe ich ins Wohnzimmer und lege meiner Mutter das Heft hin damit es so aussieht als wäre ich fleißig gewesen.

Anschließend holt mich Max ab und wir haben noch einen schönen Abend.
Das kann man vom neuen Tag nicht behaupten.

„Herr Vay, was fällt ihnen ein, meinem Unterricht nicht den nötigen Respekt zu zollen?" fragte mich Frau Dörmschmitz.

„Äh ja, Frau Dörschmitz, es ist folgendermaßen, ich habe gerade den Literaturepochen nachgehangen.

Ich habe ein bisschen über Goethe und Schiller nachgedacht, den beiden größten Dichtern unserer Zeit."

„Wir sind aber nicht bei Goethe und Schiller" meint Frau Dörschmitz, sondern im Naturalismus und als Strafe, dass du nicht aufpasst schreibst du den Knigge ab.
Während sie diesen Satz sagt wird sie immer lauter. Ja, am Ende schreit sie sogar.

„Aber Frau Dörschmitz" versuche ich zu widersprechen, aber es scheint sie nicht zu interessieren und schreit immer nur:

„Keine Diskussion, du schreibst den Knigge ab. "
Knigge ist ein Regelwerk für
Alles und Jeden.
Es könnte sogar das Gesetz ablösen. Das kann richtig ätzend werden, dachte ich mir.

Dies bestätigt sich, als ich das vierseitige Skript sehe, die Vorder- und Rückseite beschrieben.

Als wäre das nicht schon schlimm genug, fordert sie mich auf, mich in die erste Reihe zu setzen, wo sonst nur die superfaulen Schüler mit drei Verweisen, Kleinkriminelle oder die Vielfraße sitzen.

Da habe ich einmal kurz nicht aufgepasst und schon muss ich in die erste Reihe und den Knigge abschreiben.

Das ging zu weit!!! Mir platzt der Kragen und ich schrie sie an, was ihr denn einfiele. „Kein Kommentar" schnaufte Frau Dörschmitz „sonst schreibst du dreimal den Knigge ab".

Nein! Das war das was ich am wenigsten wollte.

Also setze ich mich in die erste Reihe, so weit wie möglich weg von den Anderen, dieses auch nur für die eine Stunde, das nehme ich mir felsenfest vor.

Aber wann klappt denn mal etwas so, wie man es sich vornimmt. Genau nie! Also ist es ja auch unschwer zu erraten, was jetzt geschieht. „Nicht so weit außen, komm her" sagt Frau Dörschmitz und ehe ich mich versah, sitze ich direkt vor ihrer Nase und neben Peter, dem Partylöwen, der so dick ist, dass er drei Plätze in Anspruch nimmt.

Das ist ja noch ok, aber mit seinem Mundgeruch kann man Fliegen von der Decke holen. Zudem schafft er es immer, sich ein Sandwich in den Mund zu schieben, ohne dass Frau Dörschmitz es merkt.
Ich hatte keine Ahnung wie er das macht, aber es war schon ziemlich genial.

So, jetzt sitze ich, also zwischen diesen ganzen Kleinkriminellen und habe von Peters Mundgeruch und dem ständigen Schmatzen Kopfschmerzen. Als ich denke es könnte nicht mehr schlimmer kommen, kündigt die Dörschmitz an das wir nun selber eine Novelle verfassen sollen und zwar zum Thema Weltuntergang.

Es darf nicht übertrieben werden, muss die Realität widerspiegeln und allen anderen Normen für Novellen entsprechen.
Sprich, es wird ziemlich kompliziert werden.

Eigentlich ist an dem Thema nichts auszusetzen, man kann einen Roman schreiben der noch spannender ist als der, über die Titanic. Aber nicht in einer Novelle. Ich sitze da, die Minuten verstreichen aber mir fällt einfach nichts ein.

Mein Kopf ist so leer, als hätte man ihn ausgepresst wie eine Zitrone. Bei den Strebern die sich mit Novellen befassen, hört man das Kratzen der Stifte auf ihren Blättern.

Da kommt mir eine Idee: Ich kann doch Götter einbauen die gegeneinander Krieg führen und in diesem Krieg die Welt vernichten.
Als ich mich gerade melden will, um zu fragen ob meine geniale Idee klar gehen würde, gongte es.

In der Stunde danach hatten wir Vertretung bei Frau Gneis und in dieser Stunde waren es...

...45 min voller Erinnerungen.

Lautes Gelächter schallt durch den Raum, als wir den verdutzten Blick von Frau Gneis sehen, während sie fragt: „Warum sind hier die Wände gelb und nicht weiß."

„Oh Frau Gneis," meldet sich Peter, der Party-löwe. „Das ist eine lange Geschichte.

Diese Klasse und die Parallelklasse waren mal eine Klasse die acht Horror (8h). Und dies war der ehemalige Klassenraum. Unsere Lehrerin hat null durchgeblickt und so haben sich mit der Zeit viele Penisse, Kackhäufchen und andere Kuriositäten als Bilder an den Wänden gesammelt, sodass man diese nicht mehr weiß streichen konnte."[7]

„Ach ihr seid diese notgetrennte Klasse." geht Frau Gneis ein Licht auf. „Genau die" bestätigt Peter.

Nach dieser Stunde haben wir Sport. Also eigentlich haben wir danach erst Pause. Bei dieser ist nichts Besonderes passiert. „Guten Morgen, ich weiß es ist warm und deshalb machen wir jetzt etwas Entspannendes." begrüßt uns der Cornelie, unser Sportlehrer, als wir uns auf dem Sportplatz einfinden.

---

[7] In Wirklichkeit sind noch viele andere Dinge in diesem Raum passiert, aber diese erspare ich dem Leser. Die Leute die in besagter Klasse waren, wissen Bescheid.

Jeder freut sich schon. Wir haben schon auf etwas Entspannendes gehofft.

Aber der Cornelie wäre nicht der Cornelie, wenn er seine Äußerungen nicht ironisch meinen würde.

Jau, wahrscheinlich Football.

„Hopp, hopp, aufstellen" kommandiert der Cornelie. Und zehn Minuten später stehen wir angriffslustig auf dem Rasen und warten auf

den Anpfiff. „Und los" schreit der

Cornelie und bläst in seine Trillerpfeife. Ich renne los, aber Keiner macht auch nur annähernd Anstalten mich zu verfolgen, also knalle ich den Ball ins Ziel.
„Ihr müsst sie verfolgen und aufhalten" schreit der Cornelie.
„Ach so" geht den Gegnern ein Licht auf. Als Alles geklärt ist, machen wir einen zweiten Versuch, aber der missglückt auch.
Am Ende steht es 23 zu 1, Herr Cornelie hat einen Schreikrampf und einen Asthmaanfall vom vielen Pfeifen.

Wir sind total erschöpft aber glücklich. Jetzt noch eine Stunde Hauswirtschaft und dann frei, dachte ich mir, Pustekuchen…

Nach der Schule entwickelt sich folgende Situation: Menschenmassen strömen durch die Straßen, alte Leute unterhalten sich über ihre Rollatoren, Kinder streiten sich über Sammelkarten, Jugendliche unterhalten sich über die neuesten Ballerspiele und tauschen Zärtlichkeiten aus.

Alle haben etwas zu tun, nur ich stehe da und sammele meine Gedanken zusammen, die mir Frau Knörer[8] geraubt hat, als sie mir zum 1000-mal erklärt hat, wie man eine Paprika schneidet.
Sie hat mich angemeckert, warum ich die Paprika erst in Streifen und dann in Stücke schneide. Als ich die Stücke dann geschnitten habe, meint sie total erstaunt, dass ich das total professionell gemacht habe.

Diese Frau bringt mich um meinen letzten Verstand.

[8] Die HE Lehrerin

48

Ein Wort und du fühlst dich 100 Jahre älter

Ok, vielleicht ein bisschen übertrieben, aber du fühlst dich auf alle Fälle unglaublich Erwachsen und benimmst dich auch so.

Aber noch ungewohnter wird es, wenn du dich nicht des „Sie" entsprechend benimmst, dann gibt es nämlich sofort Tadel.

Man erklärt dir, wie du es besser machst, auch wenn du nur aus Versehen husten musst.

So wie es Ludi[9] mal bei unserem Rektor Herrn Flender passiert ist:

„Was fällt ihnen ein meinen Unterricht zu stören, weil sie gut mitarbeiten heißt das nicht, dass sie meinen Unterricht stören können."

Ludi musste während dieser Ansprache nochmal niesen und wurde rausgeschmissen.

NUR WEIL ER EINE ERKÄLTUNG HAT?

Anscheinend ja. Nachdem Ludi vor der Tür saß setzte ein zufriedener Herr Flender den Unterricht fort.

---

[9] Ein anderer Schulkamerad

Äh...private Notizen

„Oh diese Schmerzen" Ich wälze mich im Bett hin und her.
Seit einer halben Stunde quälen mich unablässige, grausame Kopfschmerzen und mir ist klar, dass es so nicht weitergehen kann.
Was soll ich tun, ich kann mich nicht bewegen.

Unter lebensraubenden Schmerzen schaffe ich es mich aufzusetzen und schaue auf die Uhr.
Boah nee, es ist 3:30 Uhr ich muss morgen fit sein.
Morgen ist Donnerstag der anstrengendste Tag der Woche. Da alles nichts half stehe ich auf und bereue meine Entscheidung sofort als ich stehe.
Das muss aufhören, ich schleppe mich zum Medizinschrank und schlucke die Tablette mit drei Bechern Wasser herunter.
Eine Viertelstunde später setzt die befreiende Wirkung ein. Schnell lege ich mich ins Bett und wache erst auf als mein Vater ins Zimmer kommt.

Als ich dieses Erlebnis am nächsten Tag aufschreibe, ist es in einer Deutschstunde, in der wir selbstständig einen TGA verfassen sollen.

Ich schreibe also nichtsahnend an diesem Kapitel, bis mich meine Deutschlehrerin aufruft und sagt: „Herr Vay lesen sie doch mal ihre Inhaltszusammenfassung vor."
Total Irritiert antworte ich: „Äh ich schreibe gerade an privaten Notizen.

Lautes Lachen der Klasse.

Fortsetzung folgt...

Euer Antigonis V.

P.S.: Falls Euch dieses Werk gefallen hat und Ihr das Bedürfnis habt, dieses epische Werk zu verschenken oder nicht gefallen hat, Ihr aber das Bedürfnis habt Eure Mitmenschen damit zu quälen, dann könnt Ihr dieses herausragende literarische Kleinod bei **Books on Demand /www.bod.de** beziehen.

Natürlich ist dieses wegweisende Referenzbuch dort auch als E-Book erhältlich.
Ich kondoliere allen Beteiligten schon einmal mein herzliches Beileid im Voraus.

Raum für persönliche Notizen, Bemerkungen oder für meine persönliche Signierung, wenn ihr wollt: